ARCHIVES

DE

L'ARMÉE FRANÇAISE.

Imprimerie de BELIN, rue Sainte-Anne, 55.

ARCHIVES DE L'ARMÉE FRANÇAISE

Liste chronologique

DES

GÉNÉRAUX FRANÇAIS

OU

ÉTRANGERS AU SERVICE DE FRANCE,

MORTS SUR LE CHAMP DE BATAILLE,

DES SUITES DE LEURS BLESSURES, OU DE MORT VIOLENTE,

De 1792 à 1837.

Se vend, à Paris :

AU BUREAU DU JOURNAL L'ARMEE,

RUE SAINTE-ANNE, N° 46;

Chez

GAULTHIER-LAGUYONIE, LIBRAIRE POUR L'ART MILITAIRE,

Rue Dauphine, n° 36;

A. LENEVEU, rue des Grands-Augustins, n° 18.

1838.

L'appel fait dans notre première publication a été entendu.

En donnant une première nomenclature des officiers généraux morts au champ d'honneur pendant les guerres de la révolution, du consulat, de l'empire, de la restauration, et depuis la révolution de juillet 1830, jusqu'en 1837, nous avions compris les vives sympathies de la nation. Ces fastes immortels de notre gloire nationale, cet héritage héroïque d'un si grand nombre de familles, ont été accueillis avec empressement. Mais il restait des lacunes à remplir. Une foule de renseignemens nous sont parvenus de toutes parts. Nous avons reçu de tous les rangs de la société des rectifications, des notes et des documens authentiques qui nous ont mis à même de compléter entièrement notre premier travail, et nous livrons avec confiance cette seconde édition à la curiosité publique.

« Vos archives de la gloire française, » nous écrit un officier général, sous la date du 1er juin 1838, « laissent un vide qu'il

» sera facile à son auteur de remplir. Dans le cours de la révo-
» lution de 1789, plusieurs généraux, non moins recommanda-
» bles par leurs talens militaires que par leur bravoure, sont
» morts victimes des erreurs politiques inséparables d'une
» grande perturbation; les uns ont succombé sous la hache du
» bourreau; d'autres ont été atteints par le poison ou par la haine
» des partis qui déchiraient la mère patrie; d'autres, enfin,
» sont morts sous le fer de l'assassin, ou ont péri de mort vio-
» lente. Que tous figurent dans votre *liste funéraire*; ajoutez-y
» les noms des *Alexandre Beauharnais*, des *Biron*, des *Brune*,
» des *Houchard*, des *Pichegru*, des *Charette*, des *Villeneuve*, etc.,
» et vous aurez rempli une lacune que l'histoire recueillera avec
» empressement. »

Nous avons satisfait à ce vœu. Une *astérique*, placée en tête de chaque nom, indique, dans cette nouvelle édition, les officiers généraux dont les différens genres de mort font une spécialité à part.

LISTE CHRONOLOGIQUE,

Des Généraux français, ou étrangers au service de France, morts sur le champ de bataille, des suites de leurs blessures, ou de mort violente, de 1792 à 1837.

ANNÉE 1792.

* DILLON (Théobald, comte de), maréchal de camp, accusé de trahison, est massacré par ses soldats, le 28 avril (1).

GOUVION, maréchal de camp, tué d'un coup de canon, le 13 juin, en effectuant sa retraite devant les troupes autrichiennes commandées par *Clairfait*; il était âgé de 45 ans.

RICHER-DROUET, maréchal de camp, tué à la bataille de Jemmapes, le 6 novembre; il était âgé de 59 ans.

ANNÉE 1793.

* LACATHELINIÈRE, général vendéen, pris dans une ferme où il s'était réfugié; il est conduit à Nantes, condamné à mort et exécuté en février.

GUISCARD DE BAR, maréchal de camp, tué à la bataille de Nerwinde, le 11 mars, à l'âge de 53 ans.

DAMPIERRE (Picot), général en chef, tué au camp de Famars, le 8 mai; il était âgé de 37 ans.

MEUSNIER DE LA PLACE, général de division, tué au siége de Mayence, le 12 juin, à l'âge de 39 ans.

MEUNIER, maréchal de camp, meurt à Cassel, le 23 juin, des suites de blessures reçues au siége de Mayence, le 13 du même mois, à l'âge de 72 ans.

BLOND DE CHARDENAC, général de division, tué au siége de Mayence, le 27 juin, à l'âge de 58 ans.

---

(1) Dans le mois de juin suivant, l'assemblée législative réhabilita sa mémoire, et accorda une pension à chacun de ses enfans.

* CUSTINE (comte de), général en chef de l'armée du Rhin, décrété d'accusation par la Convention nationale; il est condamné à mort et exécuté le 27 août, à l'âge de 53 ans.

JOUVE, général de brigade, tué à l'attaque du camp de Peyrestortes, le 8 septembre.

DUMAS, général de brigade, tué à l'affaire de Clisson contre les Vendéens, le 22 septembre.

CHAMBON, général de brigade, tué au combat de Chatillon (Vendée), le 8 octobre, à l'âge de 49 ans.

BONCHAMP, général vendéen, tué à l'affaire de Chollet, le 17 octobre; il était âgé de 34 ans.

* DUHOUX, général de division, accusé de trahison, est condamné à mort par le tribunal révolutionnaire et exécuté en octobre.

* BRUNET, général de division, condamné à mort par le même tribunal, est exécuté le 6 novembre.

* HOUCHARD, général en chef de l'armée du Nord, condamné à mort par le tribunal révolutionnaire, est exécuté le 16 novembre ; il était âgé de 53 ans.

LAMARLIÈRE, général de division; traduit devant ce tribunal, il est condamné à mort et exécuté le 25 novembre, à l'âge de 61 ans.

* BIRON (Armand-Louis de Gontaut, duc de), traduit au tribunal révolutionnaire; il est condamné à mort et exécuté le 31 décembre.

ANNÉE 1794.

* LUCKNER, maréchal de France, condamné à mort par le tribunal révolutionnaire, et exécuté le 4 janvier; il était âgé de 74 ans.

* ELBÉE (Gigot d'), général vendéen, arrêté à Noirmoutiers où il s'était réfugié, après avoir été grièvement blessé à l'affaire de Chollet, est condamné à mort et exécuté le... janvier.

* MOULIN, général de brigade, attaqué dans Chollet en février, est blessé d'un coup de feu, il se brûle la cervelle au moment où il allait être fait prisonnier (1).

* CHANCEL, général de brigade, condamné à mort par le tribunal révolutionnaire, et exécuté le 3 mars, à l'âge de 40 ans.

---

(1) La Convention nationale décréta qu'un monument serait élevé en son honneur dans le bourg de Tiffauges, avec cette inscription : *Il s'est donné la mort pour ne pas tomber vivant au pouvoir des royalistes.*

La Rochejacquelin, général vendéen, tué d'un coup de feu par un grenadier républicain, le 4 mars; il était âgé de 22 ans.|

Brulé, général de brigade, tué à l'attaque de Saorgio (Piémont), le 7 mars.

Sarret, général de brigade, perd la vie dans une tentative faite contre le Mont-Cenis, le 24 mars,

* Westermann, général de brigade, arrêté par ordre de la Convention nationale, mis en jugement et condamné à mort, est exécuté le 5 avril.

* Beysser, général de division, condamné à mort par le tribunal révolutionnaire, et exécuté le 13 avril.

* Dillon (Arthur, comte de), général en chef de l'armée du Nord, traduit au tribunal révolutionnaire; condamné à mort et exécuté le 14 avril, à l'âge de 44 ans. Il était frère de Théobald Dillon.

Dagobert (Fontenil), général de division, meurt à Puycerda (Espagne), le 18 avril, des fatigues de la guerre, à l'âge de 75 ans; il avait été amené dans une litière du champ de bataille de Montrilla.

Haxo, général de brigade, blessé sur le champ de bataille de la Roche-sur-Yon, le 26 avril; il est tué par les Vendéens.

Langlois, général de brigade, tué à la prise de Saorgio, le 29 avril.

Matenotte, général de brigade, tué sur le champ de bataille à l'affaire des Aldudes, le 3 juin, à l'âge de 41 ans.

Labarre, général de brigade, tué à l'armée des Pyrénées, le 7 juin, à l'âge de 35 ans.

* Broglie (Victor-François, duc de), maréchal de France, traduit au tribunal révolutionnaire, et condamné à mort le 27 juin; il était âgé de 76 ans.

* Delatre, général de division, meurt sur l'échafaud, le 2 juillet, à l'âge de 29 ans.

Proteau, général de brigade, tué dans un combat livré sur le canal de Louvain, le 13 juillet, à l'âge de 42 ans.

* Beauharnais (Alexandre, comte de), général en chef de l'armée du Rhin, arrêté comme suspect, et condamné à mort le 22 juillet. Il est le père du prince Eugène, vice-roi d'Italie.

Mirabel, général de brigade, tué au combat de Saint-Laurent-de-la-Mouga, le 13 août.

Delannay ou Delaunay, général vendéen, tué dans les retranchemens du camp de Fuligué, le 15 septembre.

Dugommier, général en chef de l'armée des Pyrénées, tué au combat de la Montagne-Noire (1) le 17 novembre; il était âgé de 57 ans.

ANNÉE 1795.

Lescure, général vendéen, tué le 18 octobre, dans un combat partiel.

Charlet, général de division, meurt, le 27 novembre, des suites d'une blessure reçue le 23 du même mois, au combat de Loano; il était âgé de 39 ans.

ANNÉE 1796.

Noel, général de brigade, meurt, le 24 février, des suites de blessures reçues le 17 du même mois; il était âgé de 36 ans.

* Stofflet, général vendéen, pris par les républicains, condamné à mort et fusillé le 24 février.

Henri, général de brigade, massacré par les Vendéens, le 8 mars, après avoir été pris dans un combat partiel.

* Charette de la Contrie, général vendéen, fait prisonnier à la Chabotière, le 23 mars, et fusillé à Nantes le 29 du même mois; il était âgé de 33 ans.

Stenguel, général de division, tué d'un coup de feu à la bataille de Mondovi, le 5 avril, à l'âge de 52 ans.

Banele, général de brigade, tué à la bataille de Cassano, le 13 avril, à l'âge de 30 ans.

Quentin, général de brigade, tué d'une balle au combat de Cossaria, le 13 avril.

Causse, général de brigade, mort des suites de blessures reçues au combat de Dégo, le 17 avril, à l'âge de 43 ans.

Laharpe, général de division, tué au combat de Castenedolo, le 8 mai; il était âgé de 42 ans.

Beyrand, général de brigade, tué sur le champ de bataille, le 3 août, à l'âge de 28 ans.

Boussard, général de brigade, tué sur le champ de bataille le..., à l'âge de 37 ans.

Dubois, général de division, tué au combat de Rovérédo, le 4 septembre, à l'âge de 42 ans.

Lambert, général de brigade, tué à l'armée de Rhin et Moselle, le 11 septembre.

---

(1) D'autres disent devant Saint-Sébastien, le 15 du même mois.

Bonnaud, général de division, mort des suites de blessures reçues au combat de Diessen, le 16 septembre, à l'âge de 39 ans.

Marceau, général de division, tué à la bataille d'Altenkirchen, le 20 septembre; il était âgé de 27 ans.

Charton, général de brigade, tué au combat de Castellaro, le 29 septembre, à l'âge de 30 ans.

Beaupuys, général de division, tué d'un boulet de canon, au combat d'Emedingen, le 19 octobre; il était âgé de 35 ans.

Dujard, général de brigade, assassiné par les Barbets, dans le Montferrat, à la fin du mois d'octobre.

Robert, général de brigade, tué à la bataille d'Arcole, le 15 novembre à l'âge de 41 ans.

Verne, général de brigade, tué à la même bataille, à l'âge de 40 ans.

Abatucci, général de division, tué au siége d'Huningue, le 2 décembre, à l'âge de 27 ans.

ANNÉE 1797.

Sandoz, général de brigade, meurt le 8 février des suites de blessures reçues à la bataille de Rivoli; il était âgé de 41 ans.

Hoche, meurt à Westlar, le 15 septembre, dans l'exercice de ses fonctions de général en chef de l'armée de Sambre et Meuse, à l'âge de 29 ans. Cette mort est généralement attribuée au poison.

Duphot, général de brigade, massacré à Rome, le 28 décembre, dans une insurrection populaire. Il était ambassadeur de la république près du saint-père.

ANNÉE 1798.

Mireur, général de brigade, tué par trois Arabes, le 11 juillet, près de Damanhour, à l'âge de 28 ans.

Brueys (l'amiral), tué d'un boulet de canon, au combat naval d'Aboukir, le 2 août.

Dupuy, général de brigade, tué le 1er octobre, au commencement de l'insurrection de la ville du Caire, à l'âge de 31 ans.

Mesnage, général de brigade, mort en mer, le 20 octobre, à l'âge de 39 ans.

ANNÉE 1799.

Boisgérard, général de brigade, tué au combat de Cazazzo (royaume de Naples), le 24 janvier, à l'âge de 32 ans.

Vignes, général de brigade, tué au combat de Legnago, le 26 mars; il était âgé de 36 ans.

Pijon, général de brigade, tué d'un coup de feu près de Vérone, le 5 avril, à l'âge de 39 ans.

Rambaud, général de brigade, tué au siége de Saint-Jean-d'Acre, le 7 avril, à l'âge de 54 ans.

Bon, général de division, tué au même siége, le 8 avril, à l'âge de 41 ans.

Fouler, général de brigade, emporté par un boulet de canon, le 8 avril, au même siége.

Argod, général de brigade, tué à l'attaque du pont de Cassano, le 27 avril.

Caffarelly-Dufalga, général de division, meurt, le 27 avril, des suites d'une blessure reçue le 9 du même mois, au siége de Saint-Jean-d'Acre; il était âgé de 43 ans.

Dommartin, général de division, meurt des suites de blessures reçues au siége de Saint-Jean-d'Acre (avril); il était âgé de 31 ans.

Weber, général de brigade, tué dans un combat sur le Thur (Suisse), le 26 mai.

Chérin, général de division, tué dans un combat en avant de Zurich (armée d'Helvétie), le 2 juin.

Forest, général de brigade, tué le 12 juin, dans un combat près de Modène, à l'âge de 47 ans.

Cambray, général de division, tué à la bataille de la Trébia, le 20 juin, à l'âge de 36 ans.

Leturcq, adjudant-général, tué à la bataille d'Aboukir, le 25 juillet.

Crétin, général de brigade, tué sur le même champ de bataille, le 25 juillet.

Joubert, général en chef de l'armée d'Italie, tué à la bataille de Novi, le 14 août, à l'âge de 30 ans.

David, général de brigade, meurt à Batavia, le 16 septembre, des suites de blessures reçues le 24 du mois précédent, à l'âge de 33 ans.

Point, général de brigade, tué sur le champ de bataille, le...; il était âgé de 40 ans.

ANNÉE 1800.

Perrée, contre-amiral, a la cuisse droite emportée par un boulet dans un combat naval, le 16 février; il meurt peu de temps après de cette blessure.

Kléber, général en chef de l'armée d'Egypte, assassiné au Caire, le 14 juin, par le fanatique Soulayman; il était âgé de 50 ans (1).

Desaix, général de division, tué d'un coup de boulet, à la bataille de Marengo, le 15 juin, à l'âge de 32 ans.

Champeaux, général de brigade, blessé mortellement à la même bataille, meurt quelques jours après des suites de ses blessures.

Latour-d'Auvergne, premier grenadier de France, tué au combat d'Obershausen, le 28 juin; il était âgé de 57 ans.

Leclerc-Dostein, général de brigade, tué au Caire, le 11 novembre, à l'âge de 58 ans.

ANNÉE 1801.

Bastoul, général de brigade, meurt, le 15 janvier, des suites d'une blessure reçue à la bataille de Hohenlinden, le 3 décembre 1800; à l'âge 48 ans.

Calvin, général de brigade, meurt le ... février, des suites de blessures reçues au combat de Pozzolo, le 25 décembre 1800, à l'âge de 35 ans.

Roize, général de brigade, tué devant Alexandrie (Egypte), dans le courant du mois de mars.

Lanusse (François), général de division tué à la bataille de Belbeys (Egypte), le 19 mai; il était âgé de 27 ans.

ANNÉE 1802.

Dugua, général de division, meurt à Saint-Domingue des suites de blessures reçues à l'attaque de la Crête-à-Pierrot, le 16 octobre.

Leclerc, général en chef de l'expédition, meurt de la fièvre à Saint-Domingue, le 3 novembre, à l'âge de 25 ans; il était beau-frère de Napoléon.

ANNÉE 1803.

Noailles (vicomte Louis de), général de brigade, est tué dans un combat naval, en Amérique (décembre).

ANNÉE 1804.

* Pichegru, ex-général en chef, compromis dans une conspiration con-

---

(1) Son cœur est déposé dans les caveaux des Invalides.

tre la vie du premier consul, est arrêté et enfermé dans les prisons de la Conciergerie; il est trouvé mort sur son lit, le 6 avril.

* CADOUDAL (Georges), général vendéen, l'un des chefs de cette conspiration, est exécuté le 25 juin.

ANNÉE 1805.

FAULTRIER, général de division, tué à Nordelingen (Souabe), le 7 novembre, à l'âge de 45 ans.

WALHUBERT (Roger), général de brigade, tué à la bataille d'Austerlitz, le 2 décembre, à l'âge de 41 ans.

WALTHER, général de brigade, tué d'un coup de feu à la même bataille.

ANNÉE 1806.

GRIGNY, général de brigade, a la tête emportée par un boulet, au siége de Gaële, le 12 février, à l'âge de 40 ans.

VILLENEUVE (l'amiral) se donne la mort le 23 avril, six mois après sa défaite devant Trafalgar.

VALLONGUE, général de brigade, tué au siége de Gaete, le 17 juin, en allant reconnaître une position ennemie; il était âgé de 43 ans.

DELGORGUE, général de brigade, tué à Raguse le 17 juin, à l'âge de 49 ans.

VINTIMILLE, général de brigade, tué à Cosenza (Calabre), pendant la campagne de 1806 (août).

DEBILLY, général de brigade, tué à la bataille d'Iéna, le 14 octobre, à l'âge de 43 ans.

FORNIER-FÉNÉROLS (1), général de brigade, tué au combat de Golymin, le 26 décembre, à l'âge de 45 ans.

ANNÉE 1807.

CAMPANA, général de brigade, tué au combat d'Ostrolenska, le 6 février, à l'âge de 36 ans.

CORBINEAU (Constant), général de brigade, tué d'un boulet de canon à la bataille d'Eylau, le 8 février, à l'âge de 35 ans.

---

(1) C'est à tort que quelques biographies, et même des relations officielles, ont écrit *Fénérolles*. Nous avons rétabli ici la véritable orthographe du nom.

DAHLMANN, général de brigade, tué à la même bataille ; il était âgé de 38 ans.

LOCHET, général de brigade, tué à la bataille d'Eylau, à l'âge de 40 ans.

BINOT, général de brigade, tué à la même bataille, à l'âge de 36 ans.

DESJARDINS, général de division, meurt le 11 février, des suites de blessures reçues à la bataille d'Eylau; il était âgé de 43 ans.

BONNET D'HONIÈRES, général de brigade, meurt le même jour des suites de blessures reçues à la bataille d'Eylau; il était âgé de 43 ans.

D'HAUTPOULT, général de division, meurt, le 17 février, des suites de blessures reçues à la même bataille, à l'âge de 53 ans (1).

VARÉ, général de brigade, meurt à Thorn, le 14 mars, à la suite de plusieurs blessures graves, reçues à la bataille d'Eylau.

TEULIÉ, général de division, tué d'un coup de boulet au siége de Colberg (avril).

GUYOT, général de brigade, tué à Klemenfeld (Prusse), le 8 juin, à l'âge de 40 ans.

ROUSSEL (François-Xavier), général de division, blessé mortellement au combat de Dieppen, meurt de ses blessures le 10 juin, à Heilsberg; il était âgé de 37 ans.

ANNÉE 1808.

MATHER, général de division, tué le 13 mars, à Valladolid, dans un exercice à feu; il était âgé de 47 ans.

RÉNÉ, général de brigade, brûlé vif par les guérillas, dans le courant du mois de mai.

GOBERT, général de division, tué dans les gorges de la Caroline (Espagne), le 17 juin; il était âgé de 48 ans.

DUPRÈS, général de brigade, meurt le 21 juillet, des suites de blessures reçues au combat de Baylen, le 19 du même mois; il était âgé de 53 ans.

MIQUEL, général de brigade, meurt en août des suites de blessures reçues au fort de la Lippe (Portugal)

* FERRAND, général de division, abandonné par ses troupes dans un combat devant Porto-Ricco (île Saint Domingue), se brûle la cervelle d'un coup de pistolet, le 7 novembre; il était âgé de 55 ans.

---

(1) Son cœur repose dans les caveaux des Invalides.

Aubré, général de brigade, tué le 1er décembre au siége de Sarragosse, à l'âge de 45 ans.

Labruyère (1), général de brigade, tué le 3 décembre, lors de l'entrée des Français dans Madrid, à l'âge de 49 ans.

ANNÉE 1809.

Colbert (Auguste), général de brigade, tué au combat de Cacabellos (Espagne), le 3 janvier, à l'âge de 32 ans.

Gaulois-Manigault, général de brigade tué au combat de la Corogne (Espagne), le 16 janvier; il était âgé de 39 ans.

Lacoste-Freval, général de brigade, tué au siége de Sarragosse, le 21 février, à l'âge de 35 ans.

Jardon, général de brigade, tué aux environs de Cuimarens (Portugal), le 26 mars, à l'âge de 41 ans.

Hervo, général de brigade, tué au combat de Pessinger, le 21 avril, à l'âge de 43 ans.

Cervoni, général de division, emporté par un boulet de canon à la bataille d'Eckmulh, le 22 avril; il était âgé de 41 ans.

Cardeneau, général de brigade, tué au combat d'Ebersberg, le 3 mai, au moment où il venait de recevoir son brevet de général de brigade.

Sorbier, général de brigade, tué à la bataille d'Essling, le 21 mai, à l'âge de 36 ans.

Espagne, général de division, tué à la même affaire dans la journée du 22 mai; il était âgé de 40 ans.

Saint Hilaire, général de division, a la cuisse emportée par un boulet à la même bataille, et meurt de cette blessure; il était âgé de 43 ans.

Pouzet, général de brigade, tué au combat d'Ebersdorf, le 22 mai, à l'âge de 43 ans.

Lannes (maréchal duc de Montebello), meurt le 31 mai des suites de blessures reçues à la bataille d'Essling; il était âgé de 40 ans.

Rioult-Davenay, général de brigade, meurt le 1er juin des suites de blessures reçues au combat de la Piave, le 8 mai; il était âgé de 41 ans.

---

(1) C'est par erreur que quelques biographes ont écrit *Bruyères*.

PETIT, général de brigade, tué dans un engagement près de Presbourg, dans le mois de juin, à l'âge de 46 ans.

COMMET, général de brigade, tué dans une escarmouche près de Wagram, le 5 juillet.

LASALLE, général de division, tué à la bataille de Wagram, le 6 juillet, à l'âge de 34 ans.

DUPRAT, général de brigade, tué à la même bataille, à l'âge de 57 ans.

GAUTIER (Nicolas-Hyacinthe), général de brigade, meurt à Vienne, le 14 juillet, des suites de blessures reçues à la bataille de Wagram; il était âgé de 45 ans.

LACOUR, général de division, meurt le 28 juillet, des suites de blessures reçues à la bataille de Wagram, le 6 du même mois; il était âgé de 38 ans.

LAPISSE, général de division, tué à la bataille de Talaveyra, le 28 juillet, à l'âge de 47 ans.

JOBA, général de brigade, tué à la bataille de Gironne, le 6 septembre, à l'âge de 50 ans.

BOUDET, général de division, meurt en septembre des suites de blessures reçues à la bataille de Wagram, le 6 juillet.

PARIS D'ILLENS, général de brigade, tué à la bataille d'Occana (Espagne), le 18 novembre, à l'âge de 63 ans.

ANNÉE 1810.

BEAUREGARD, général de brigade, est atteint d'une balle au cœur, au combat de Los Cavalleros, le 19 février, et meurt de cette blessure; il était âgé de 46 ans.

LACOMBE-SAINT-MICHEL, général de division, meurt au siége d'Ostalric, qu'il était chargé de diriger.

GRAINDORGE, général de brigade, tué à la bataille de Busaco (Espagne), le 27 septembre, à l'âge de 38 ans.

SAINTE-CROIX-DESCORCHES, général de brigade, tué d'un boulet, sur les hauteurs d'Alenguer (Espagne), le 12 octobre.

SENARMONT, général de division, tué par un obus au siége de Cadix, le 26 octobre, à l'âge de 41 ans.

ANNÉE 1811.

VAN-MARIST, général de brigade, meurt assassiné en Espagne, le 1er février, à l'âge de 47 ans.

3

Chaudron-Rousseau, général de brigade, tué au combat de Chiclana, le 5 mars, à l'âge de 36 ans.

Chamorin, général de brigade, tué au combat de Campo-Mayor, le 25 mars, à l'âge de 38 ans.

Ruffin, général de division, meurt le 15 mai, des suites de blessures reçues en Espagne.

Werlé, général de brigade, tué à la bataille d'Albuera (Espagne), le 16 mai.

Pepin, général de brigade, tué à la même bataille, à l'âge de 46 ans.

Salm, général de brigade, tué d'une balle, à la prise du fort d'Olivo (Espagne), dans le courant du mois de mai; il était âgé de 47 ans.

Valletaux, général de brigade, tué au combat de Quintanilla-del-Valle, le 23 juin, à l'âge de 54 ans.

ANNÉE 1812.

Thomières, général de brigade, tué au combat de Salamanque ou des Arapiles, le 22 juillet, à l'âge de 41 ans.

Bethelot-Desgravier, général de brigade, tué d'un coup de feu à la même bataille, à l'âge de 44 ans.

Ferey, général de division, tué d'un coup de feu à la même bataille; il était âgé de 41 ans.

Roussel (Jean-Charles), général de brigade, tué au combat d'Ostrowno, le 26 juillet, à l'âge de 41 ans.

Grabowski, général de brigade, polonais, tué à la bataille de Smolensk, le 17 août.

Gudin, général de division, tué à la bataille de Walutina-Gora, le 19 août, à l'âge de 36 ans.

Bessières, général de division, tué à la bataille de la Moscowa, le 7 septembre.

Caulaincourt (Auguste), général de division, tué à la même bataille, à l'âge de 35 ans.

Chastel, général de brigade, tué à la même bataille.

Compère, général de brigade, tué à la même bataille, à l'âge de 38 ans.

Damas, général de brigade, tué à la même bataille, à l'âge de 39 ans.

Gérard, général de division, tué à la même affaire.

Huard, général de brigade, tué à la même bataille.

LANABERT, général de brigade, tué à la même bataille, à l'âge de 42 ans.

MARION, général de brigade, tué à la même bataille, à l'âge de 55 ans.

PLAUZONNE-MACHAUD, général de brigade, tué à la même bataille, à l'âge de 38 ans.

MONTBRUN, général de de division) tué d'un coup de boulet à la bataille de Mojaïsk, le 9 septembre, à l'âge de 40 ans.

THARREAU, général de division, meurt le 26 septembre, des suites de blessures reçues à la bataille de la Moscowa; il était âgé de 45 ans.

DÉRY, général de brigade, tué au combat de Winkowo, le 18 octobre.

FISCHER, général de division, polonais, tué à la même affaire.

DELZONS, général de division, tué au combat de Malo-Jaroslawtz, le 24 octobre, à l'âge de 37 ans.

* MALLET (Charles-François), général de brigade, chef d'une conspiration tendant à renverser le gouvernement impérial, est condamné à mort par un conseil de guerre, et fusillé le 27 octobre ; il était âgé de 58 ans.

* LAHORIE, général de brigade, l'un des instrumens de la *Conspiration Mallet*, condamné à mort par le même conseil, est exécuté le 29 du même mois.

ROMEUF, général de brigade, meurt le 7 novembre, des suites de blessures reçues à la bataille de la Moscowa, à l'âge de 46 ans.

CANDRAS-SAVETIER, général de brigade, tué au passage de la Bérézina, le 28 novembre, à l'âge de 44 ans.

DELORT, général de brigade, massacré par les Russes, à Wilna, le 10 décembre; il était âgé de 46 ans.

ANNÉE 1813.

MORAND, général de division, tué au combat de Lunebourg (Saxe), le 2 avril, à l'âge de 55 ans.

BESSIÈRES (maréchal duc d'Istrie), tué d'un boulet de canon au combat de Poserna, le 1er mai, à l'âge de 44 ans (1).

GOURÉ, général de brigade, tué à la bataille de Lutzen, le 2 mai, à l'âge de 45 ans.

---

(1) Son corps repose dans les caveaux des Invalides.

GRILLOT, général de brigade, meurt le 19 mai, des suites de blessures reçues à la même bataille; il était âgé de 47 ans.

DUROC, duc de Frioul, général de division, grand maréchal du palais, est emporté par un boulet de canon au combat de Reichenbach, le 22 mai; il était âgé de 41 ans (1).

KIRGENER (Planta-), général de division, tué à la même affaire et par le même boulet qui emporta Duroc; il était âgé de 45 ans.

PASTOL, général de brigade, tué au combat de Narkirch, le 31 mai, à l'âge de 43 ans.

BRUGUIÈRE, dit *Bruyères*, général de division, tué au combat de Gorlitz, le 5 juin.

SICARD, général de brigade, meurt le 13 juin, des suites de blessures reçues à la bataille de Lutzen, le 2 mai, à l'âge de 40 ans.

SARRUT, général de division, meurt, le 26 juin, des suites de blessures reçues à la bataille de Vittoria; le 21 du même mois; il était âgé de 28 ans.

* JUNOT, duc d'Abrantès, général en chef, se précipite par la fenêtre dans un moment de délire, et meurt le 29 juillet.

SIBUET, général de brigade, tué dans un combat sur le Bober, en avant de Lœwemberg, le 21 août.

VACHOT, général de brigade, tué le 23 août, en enlevant la position de Wolfberg aux Prussiens; il était âgé de 50 ans.

REUSS, général de brigade, tué à la bataille de Dresde, du 26 août.

DUNESME, général de brigade, tué à la bataille de Kulm, le 30 août, à à l'âge de 46 ans.

VAN-DER-MAESSEN, général de division, tué à l'affaire du Pont de Berente, le 1er septembre, à l'âge de 47 ans.

MOREAU, général en chef, qui a eu les deux jambes emportées par un boulet français, le 27 août, à la bataille de Dresde, meurt de ses blessures le 2 septembre suivant; il était âgé de 50 ans (2).

LAMARTINIÈRE, général de division, meurt à Bayonne, le 6 septembre, par suite de blessures reçues au passage de la Bidassoa; il était âgé de 45 ans.

---

(1) Son corps repose dans les caveaux des Invalides.

(2) Le général Moreau, tué dans les rangs ennemis, n'aurait peut-être pas dû trouver place ici; mais Moreau a laissé à la France des souvenirs qu'elle ne peut oublier, et c'est à ce titre que le vainqueur de Hohenlinden a pris rang dans cette colonne funéraire.

Combelle, général de division, meurt, le 15 septembre, des suites de blessures reçues à la bataille de Dresde, le 26 août précédent; il était âgé de 39 ans.

Laboissière, général de brigade, meurt, le 15 septembre, des suites de blessures reçues à la même bataille (26 août),; il était âgé de 32 ans.

Azémar, général de brigade, tué au combat de Gros-Drepnitz, le 17 septembre, à l'âge de 47 ans.

Cacault, général de brigade, meurt à Torgau, le 30 septembre, des suites de deux amputations pour blessures reçues à la bataille de Juterbock ou de Dennewitz (Prusse), le 6 du même mois; il était âgé de 47 ans.

Ferriere, général de brigade, tué au combat de Wachaux (Saxe), le 16 octobre, à l'âge de 42 ans.

Bachelei-Damville, général de brigade, tué au combat de Goslar, le 16 octobre, à l'âge de 42 ans.

Fredericks, général de division, tué à la bataille de Leipzig, le 18 octobre, à l'âge de 40 ans.

Maury, général de brigade, tué à la même bataille, à l'âge de 48 ans.

Estko (Sixte d'), général de brigade, tué à la même bataille, à l'âge de 39 ans.

Camus-Richemont, général de brigade, tué à la même bataille, à l'âge de 39 ans.

Rochambeau, général de division, tué à la même bataille, à l'âge de 58 ans; il était fils du maréchal de ce nom.

Vial, général de division, tué à la même bataille, à l'âge de 47 ans.

Coehorn, général de brigade, tué devant Leipzig, le 19 octobre, à l'âge de 42 ans.

Poniatowski (le maréchal prince), se noie dans l'Elster, le 19 octobre; il était âgé de 47 ans.

Baville, général de brigade, tué devant Magdebourg, le 24 octobre, à l'âge de 56 ans.

Couloumy, général de brigade, meurt, le 29 octobre, des suites de blessures reçues le 19 du même mois; il était âgé de 43 ans.

Delmas, général de division, meurt, le 30 octobre, des suites de blessures reçues à la bataille de Leipzig, à l'âge de 45 ans.

Boyer, général de brigade, meurt, le 30 octobre, des suites de blessures reçues devant Leipzig, le 19 du même mois; il était âgé de 38 ans.

MONTMARIE (Lepelletier de), général de brigade, meurt, le 2 novembre, des suites de blessures reçues à la bataille de Leipzig, le 19 octobre; il était âgé de 40 ans.

AUBRY, général de brigade, meurt à l'hôpital de Leipzig, le 8 novembre, des suites de blessures reçues pendant la campagne.

CONROUX, général de division, tué au camp de Sarce (armée d'Espagne), le 10 novembre, à l'âge de 42 ans.

NARBONNE (Louis, comte de), général de division, meurt à Torgace, dont il était gouverneur, des suites d'une chute de cheval, le 17 novembre; il était âgé de 57 ans.

BRESSAND, ou BREISSAND, général de brigade, meurt à Dantzig, le 2 décembre, des suites de blessures reçues pendant la campagne; il était âgé de 43 ans.

ESCLEVIN, général de brigade, tué au combat de Schemetz (Bohême), le 28 décembre, à l'âge de 48 ans.

ANNÉE 1814

AVY, général de brigade, tué au siége d'Anvers, le 13 janvier, à l'âge de 38 ans.

DECOUX, général de division, blessé mortellement au combat de Brienne, le 29 janvier, meurt des suites de cette blessure, à l'âge de 38 ans.

BASTE, contre-amiral, tué au même combat, à l'âge de 46 ans.

MARGUET, général de brigade, tué au combat de la Rothière, le 1er février, à l'âge de 41 ans.

RUSCA, général de division, tué dans une attaque devant Soissons, le 13 février, à l'âge de 54 ans.

CHATEAU, général de brigade, meurt des suites d'une blessure reçue à la bataille de-Montereau, le 18 février, à l'âge de 35 ans.

BÉCHAUD, général de brigade, meurt des suites de blessures reçues le 27 février; il était âgé de 44 ans.

OSTEN, général de brigade, tué devant Hambourg, le 27 février, à l'âge de 55 ans,

DORNIER, général de brigade, tué au combat de la Guillotière, près de Troyes, le 3 mars, à l'âge de 40 ans.

ROUZIÈRES, général de brigade, tué au combat de Fisme (Marne), le 19 mars, à l'âge de 50 ans.

Janssens, général de division, meurt des suites de blessures reçues aux affaires d'Arcis-sur-Aube, le 21 mars.

Taupin, général de division, tué à la bataille de Toulouse, le 10 avril, à l'âge de 47 ans.

ANNÉE 1815.

Legrand, général de division, meurt à Paris, le 8 janvier, des suites de ses nombreuses blessures.

* Berthier (Alexandre), prince de Neuchâtel et de Wagram, maréchal et vice-connétable, précipité d'une croisée de son hôtel, à Bamberg, le 1er juin.

Grosbon, général de brigade, meurt, le 7 juin, des suites de blessures reçues à l'affaire de St.-Giles (armée de l'Ouest); il était âgé de 47 ans.

Girard, général de division, tué à la bataille de Fleurus, le 15 juin, à l'âge de 40 ans.

Letort, général de division, meurt, le 17 juin, des suites d'une blessure reçue à la bataille de Fleurus, le 15 du même mois; il était âgé de 38 ans.

Aulard, général de brigade, tué à la bataille de Waterloo, ou de Mont-St.-Jean, le 18 juin, à l'âge de 52 ans.

Depenne, général de brigade, tué à la même bataille, à l'âge de 45 ans.

Bauduin, général de brigade, tué à la même bataille, à l'âge de 47 ans.

Duhesme, général de division, blessé à mort à la bataille de Waterloo, le 18 juin; il était âgé de 55 ans.

Desvaux, général de division, tué aux côtés de Napoléon à la même bataille, à l'âge de 40 ans.

Jamin, général de brigade, tué à la même bataille, à l'âge de 40 ans.

Michel, général de division, tué à la même bataille, à l'âge de 43 ans.

* Brune, maréchal d'empire, meurt assassiné à Avignon, le 2 août, à l'âge de 52 ans.

Mallet (Jean-Antoine), général de brigade, meurt le 9 août des suites de blessures reçues à la bataille de Mont-Saint-Jean; il était âgé de 41 ans.

* Labédoyère, maréchal-de-camp, accusé d'avoir favorisé le retour de

l'Empereur de l'île d'Elbe, est mis en jugement et fusillé le 19 août.

* RAMEL, général de brigade, assassiné à Toulouse, dont il avait le commandement, à la fin du mois d'août.

* FAUCHER (César), général de brigade, né à la Réole. Défenseur de cette place en 1815, sa résistance est imputée à crime ; traduit devant une commission militaire, à Bordeaux, il est condamné à mort et exécuté le 27 septembre.

* FAUCHER (Constantin), général de brigade, frère jumeau du précédent, partage le sort de son frère César.

* MURAT, roi de Naples, fusillé au Pizzo (Calabre), le 13 octobre.

* NEY (duc d'Elchingen, prince de la Moscowa), maréchal d'Empire. Accusé d'avoir favorisé le retour de Napoléon de l'île d'Elbe, il est jugé par la chambre des pairs, condamné à mort et exécuté le 7 décembre ; il était âgé de 46 ans.

ANNÉE 1816.

* CHARTRAND, général de brigade, condamné à mort le 9 mai, et fusillé le 22 du même mois, sur les glacis de la citadelle de Lille ; il étai âgé de 37 ans.

* MOUTON-DUVERNET, général de division, compris dans l'ordonnance du 24 juillet 1815, il est condamné à mort le 19 juillet 1816, et exécuté le 26 du même mois ; il était âgé de 46 ans.

ANNÉE 1820.

CAVROIS, général de brigade, meurt le 22 novembre des suites d'une blessure reçue pendant la campagne de France de 1814.

ANNÉE 1822.

* BERTON, maréchal-de-camp, chef d'une conspiration tendant à renverser le gouvernement des Bourbons, est jugé par la cour royale de Poitiers, condamné à mort et exécuté le 5 octobre.

ANNÉE 1823.

DE CONCHY, lieutenant-général, meurt le 26 août, devant Pampelune, commandant les troupes du blocus (1).

---

(1) Son cœur a été déposé dans les caveaux de l'Hôtel des Invalides.

ANNÉE 1833.

* Nempde, lieutenant-général, tombé d'un troisième étage, le 26 février, meurt de cette chute deux jours après.

ANNÉE 1835.

* Mortier (maréchal duc de Trévise), assassiné sur le boulevart du Temple, à côté du roi, à la revue du 28 juillet 1835; il était âgé de 67 ans (1).

* Lachasse de Vérigny, maréchal-de-camp, frappé d'une balle à la tête dans le même moment, meurt le lendemain des suites de cette blessure (2); il était âgé de 60 ans.

ANNÉE 1837.

Damrémont (comte Denys de), lieutenant-général, commandant en chef l'armée d'expédition, tué par un boulet de canon au siége de Constantine, le 12 octobre (3).

* Caraman, maréchal-de-camp, meurt à Constantine, le 26 octobre, d'une attaque de choléra.

Perrégaux, maréchal-de-camp, meurt en novembre, des suites de blessures reçues au siége de Constantine; il était âgé de 46 ans.

---

(1) Son corps a été déposé dans les caveaux de l'Hôtel des Invalides, à côté des 23 autres victimes de cet attentat.

(2) Son corps a été déposé dans les caveaux de l'hôtel des Invalides, à côté des 23 autres victimes de cet attentat.

(3) Ses cendres reposent dans les caveaux de l'Hôtel des Invalides.

TABLE ALPHABÉTIQUE

Par grades et par genres de mort, des généraux français,
ou étrangers au service de France,
morts de 1792 à 1837.

NOMS des GÉNÉRAUX.	Dates des décès.	GRADES. Maréchaux.	Généraux en chef.	Généraux de divis.	Généraux de brig.	Généraux vendéens.	MORTS sur le champ de bataille.	des suites de blessures.	condamnés.	assassinés.	violentes.
ABATUCCI	1796	»	»	1	»	»	1				
ARGOD	1799	»	»	»	1	»	1				
AUBRÉ	1808	»	»	»	1	»	1				
AUBRY	1813	»	»	»	1	»		1			
AULARD	1815	»	»	»	1	»	1				
AVY	1814	»	»	»	1	»	1				
AZEMAR	1813	»	»	»	1	»	1				
BACHELET-DAMVILLE	1813	»	»	»	1	»	1				
BANELE	1796	»	»	»	1	»	1				
BASTE	1814	»	»	»	1	»	1				
BASTOUL	1801	»	»	»	1	»		1			
BAUDUIN	1815	»	»	»	1	»	1				
BAVILLE	1813	»	»	»	1	»	1				
BEAUHARNAIS	1794	»	1	»	»	»			1		
BEAUPUYS	1796	»	»	1	»	»	1				
BEAUREGARD	1810	»	»	»	1	»		1			
BÉCHAUD	1814	»	»	»	1	»		1			
BERTHELOT-DESGRAVIERS	1812	»	»	»	1	»	1				
BERTHIER (Alexandre)	1815	1	»	»	»	»					1
BERTON	1822	»	»	»	1	»			1		
BESSIÈRES (maréchal)	1813	1	»	»	»	»	1				
BESSIÈRES	1812	»	»	1	»	»	1				
BEYRAND	1796	»	»	»	1	»	1				
BEYSSER	1794	»	»	1	»	»			1		
BINOT	1807	»	»	»	1	»	1				
BIRON	1793	1	»	»	»	»			1		
BLOND DE CHARDENAC	1793	»	»	1	»	»	1				
BOISGÉRARD	1799	»	»	»	1	»	1				
BON	1799	»	»	1	»	»	1				
BONCHAMP	1793	»	»	»	»	1	1-				
BONNAUD	1796	»	»	1	»	»		1			
BONNET D'HONIÈRES	1807	»	»	»	1	»		1			
BOUDET	1809	»	»	1	»	»		1			
BOUSSARD	1796	»	»	»	1	»	1				
BOYER	1813	»	»	»	1	»		1			
		3	1	8	22	1	22	8	4	»	1

NOMS des GÉNÉRAUX.	Dates des décès.	Maréchaux.	en chef.	de divis.	de brig.	vendéens.	sur le champ de bataille.	des suites de blessures.	condamnés.	assassinés.	violentes.
				Généraux			MORTS				
Reports.........		3	1	8	22	1	22	8	4	»	1
BREISSAND ou BRESSAND..	1813	»	»	»	1	»		1			
BROGLIE...............	1794	1	»	»	»	»			1		
BRUEYS...............	1798	»	»	1	»	»	1				
BRUGUIÈRE, dit *Bruyère*..	1813	»	»	1	»	»	1				
BRULÉ................	1794	»	»	»	1	»	1				
BRUNE................	1815	1	»	»	»	»				1	
BRUNET...............	1793	»	»	1	»	»			1		
BRUYÈRE (v. *Bruguière*)..											
CACAULT.............	1813	»	»	»	1	»		1			
CAFFARELLY...........	1799	»	»	1	»	»		1			
CADOUDAL............	1804	»	»	»	»	1			1		
CALVIN...............	1801	»	»	»	1	»		1			
CAMBRAY.............	1799	»	»	1	»	»	1				
CAMPANA.............	1807	»	»	»	1	»	1				
CAMUS-RICHEMONT......	1813	»	»	»	1	»	1				
CANDRAS-SAVETIER......	1812	»	»	»	1	»	1				
CARAMAN.............	1837	»	»	»	1	»					1
CARDENAU............	1809	»	»	»	1	»	1				
CAULAINCOURT........	1812	»	»	1	»	»	1				
CAUSSE..............	1796	»	»	»	1	»		1			
CAVROIS.............	1820	»	»	»	1	»		1			
CERVONI.............	1809	»	»	1	»	»	1				
CHAMBON.............	1793	»	»	»	1	»	1				
CHAMPEAUX..........	1800	»	»	»	1	»		1			
CHAMORIN...........	1811	»	»	»	1	»	1				
CHANCEL............	1794	»	»	»	1	»			1		
CHARDENAC (v. *Blond de*).											
CHARETTE...........	1796	»	»	»	»	1			1		
CHARLET............	1795	»	»	1	»	»		1			
CHARTON............	1796	»	»	»	1	»	1				
CHARTRAND..........	1816	»	»	»	1	»			1		
CHASTEL............	1812	»	»	»	1	»	1				
CHATEAU............	1814	»	»	»	1	»		1			
CHAUDRON-ROUSSEAU.....	1811	»	»	»	1	»	1				
CHÉRIN.............	1799	»	»	1	»	»	1				
CHRÉTIN............	1799	»	»	»	1	»	1				
COHORN.............	1813	»	»	»	1	»	1				
COLBERT............	1809	»	»	»	1	»	1				
COMBELLE...........	1813	»	»	1	»	»		1			
COMMET.............	1809	»	»	»	1	»	1				
COMPÈRE............	1812	»	»	»	1	»	1				
CONCHY (De)........	1823	»	»	1	»	»					1
		5	1	19	47	3	43	18	10	1	3

NOMS des GÉNÉRAUX	Dates des décès	GRADES. Maréchaux.	GRADES. Généraux en chef.	GRADES. Généraux de divis.	GRADES. Généraux de brig.	GRADES. vendéens.	MORTS sur le champ de bataille.	MORTS des suites de blessures.	MORTS condamnés.	MORTS assassinés.	MORTS violentes.
Reports		5	1	19	47	3	43	18	10	1	3
CONROUX	1813	»	»	1	»	»	1				
CORBINEAU	1807	»	»	»	1	»	1				
COULOUMY	181.	»	»	»	1	»		1			
CUSTINE	1793	»	1	»	»	»			1		
DAGOBERT	1794	»	»	1	»	»		1			
DAHLMANN	1807	»	»	»	1	»	1				
DAMAS	1812	»	»	»	1	»	1				
DAMPIERRE	1793	»	1	»	»	»	1				
DAMRÉMONT (Denys de)	1837	»	1	»	»	»	1				
DAMVILLE (v. *Bachelet*)											
DAVENAY (v. *Rioult*)											
DAVID	1799	»	»	»	1			1			
DEBILLY	1806	»	»	»	1	»	1				
DECOUX	1814	»	»	1	»	»		1			
DELANNEY ou DELAUNAY	1794	»	»	»	»	1	1				
DELATRE	1794	»	»	1	»	»			1		
DELAUNAY (v. *Delanney*)			»								
DELGORGUE	1806	»	»	»	1	»	1				
DELMAS	1813	»	»	1	»	»		1			
DELORT	1812	»	»	»	1	»					1
DELZONS	1812	»	»	1	»	»	1				
DEPENNE	1815	»	»	»	1	»	1				
DÉRY	1812	»	»	»	1	»	1				
DESAIX	1800	»	»	1	»	»	1				
DESCORCHES (v. *Ste-Croix*)											
DESGRAVIERS (v. *Berthelot*)											
DESJARDINS	1807	»	»	1	»	»		1			
DESVAUX	1815	»	»	1	»	»	1				
DILLON (Arthur)	1794	»	1	»	»	»			1		
DILLON (Théobald)	1792	»	»	»	1	»				1	
DOMMARTIN	1799	»	»	1	»	»		1			
DORNIER	1814	»	»	»	1	»	1				
DROUET (v. *Richer*)											
DUBOIS	1796	»	»	1	»	»	1				
DUGOMMIER	1794	»	1	»	»	»	1				
DUGUA	1802	»	»	1	»	»		1			
DUHESME	1815	»	»	1	»	»	1				
DUHOUX	1793	»	»	1	»	»			1		
DUJARD	1796	»	»	»	1	»					1
DUMAS	1792	»	»	»	1	»	1				
DUNESME	1813	»	»	»	1	»	1				
DUPHOT	1797	»	»	»	1	»					1
		5	6	33	63	4	63	26	14	5	3

NOMS des GÉNÉRAUX	Dates des décès	Maréchaux	Généraux en chef	Généraux de divis.	Généraux de brig.	vendéens	MORTS sur le champ de bataille	MORTS des suites de blessures	condamnés	assassinés	violentes
Reports.........		5	6	33	63	4	63	26	14	5	3
DUPRAT..............	1805	»	»	»	1	»	1				
DUPRÈS..............	1808	»	»	»	1	»		1			
DUPUY...............	1798	»	»	»	1	»	1				
DUROC	1813	»	»	1	»	»	1				
DUVERNET (v. *Mouton*)...											
ELBÉE...............	1794	»	»	»	»	1			1		
ESCLEVIN............	1813	»	»	»	1	»	1				
ESPAGNE.............	1809	»	»	1	»	»	1				
ESTKO (Sixte d')....	1813	»	»	»	1	»	1				
FAUCHER (César).....	1815	»	»	»	1	»			1		
FAUCHER (Constantin).....	1815	»	»	»	1	»			1		
FAULTRIER...........	1825	»	»	1	»	»	1				
FÉNÉROLS (v. *Fornier*) ...											
FEREY...............	1812	»	»	1	»	»	1				
FERRAND.............	1808	»	»	1	»	»					1
FERRIÈRE	1813	»	»	»	1	»	1				
FISCHER.............	1812	»	»	1	»	»	1				
FOREST..............	1799	»	»	»	1	»	1				
FORNIER-FÉNÉROLS....	1806	»	»	»	1	»	1				
FOULER	1799	»	»	»	1	»	1				
FRÉDERICKS	1813	»	»	1	»	»	1				
FRÉVAL (v. *Lacoste*).....											
GAULOIS-MANIGAULT...	1809	»	»	»	1	»	1				
GAUTIER.............	1809	»	»	»	1	»		1			
GERARD..............	1812	»	»	1	»	»	1				
GIRARD..............	1815	»	»	1	»	»	1				
GOBERT..............	1808	»	»	1	»	»	1				
GOURÉ...............	1813	»	»	»	1	»	1				
GOUVION.............	1792	»	»	»	1	»	1				
GRABOWSKI...........	1812	»	»	»	1	»	1				
GRAINDORGE..........	1810	»	»	»	1	»	1				
GRIGNY..............	1806	»	»	»	1	»	1				
GRILLOT.............	1813	»	»	»	1	»		1			
GROSBON.............	1815	»	»	»	1	»		1			
GUDIN...............	1812	»	»	1	»	»	1				
GUISCARD............	1793	»	»	»	1	»	1				
GUYOT...............	1807	»	»	»	1	»		1			
HAUTPOULT (d')......	1807	»	»	1	»	»				1	
HAXO................	1794	»	»	»	1	»	1				
HENRI...............	1796	»	»	»	1	»	1				
HERVO...............	1809	»	»	»	1	»	1				
HOCHE...............	1797	»	1	»	»	»				1	
		5	7	45	88	5	91	31	17	7	4

NOMS des GÉNÉRAUX.	Dates des décès.	Maréchaux.	Généraux en chef	Généraux de divis.	Généraux de brig.	vendéens.	MORTS sur le champ de bataille	MORTS des suites de blessures.	condamnés.	assassinés.	violentes.
Reports............		5	7	45	87	5	91	31	17	7	4
HONIÈRES (v. *Bonnet d'*)..											
HOUCHARD..............	1793	»	1	»	»	»			1		
HUARD.................	1812	»	»	»	1	»	1				
JAMIN.................	1815	»	»	»	1	»	1				
JANSSENS.............	1814	»	»	1	»	»		1			
JARDON...............	1809	»	»	»	1	»	1				
JOBA.................	1809	»	»	»	1	»	1				
JOUBERT..............	1799	»	1	»	»	»	1				
JOUYE................	1793	»	»	»	1	»	1				
JUNOT................	1813	»	1	»	»	»					1
KIRGENER (Planta)......	1813	»	»	1	»	»	1				
KLEBER...............	1800	»	1	»	»	»				1	
LABARRE..............	1794	»	»	»	1	»	1				
LABÉDOYÈRE...........	1815	»	»	»	1	»			1		
LABOISSIÈRE..........	1813	»	»	»	1	»		1			
LABRUYÈRE............	1808	»	»	»	1	»	1				
LACATHELINIÈRE........	1793	»	»	»	»	1		1			
LACHASSE DE VÉRIGNY....	1835	»	»	»	1	»				1	
LACOMBE-SAINT-MICHEL..	1810	»	»	1	»	»					1
LACOSTE-FRÉVAL........	1809	»	»	»	1	»	1				
LACOUR...............	1809	»	»	1	»	»		1			
LAHARPE..............	1796	»	»	1	»	»	1				
LAHORIE..............	1812	»	»	»	1	»			1		
LAMARLIÈRE...........	1793	»	»	1	»	»			1		
LAMARTINIÈRE.........	1813	»	»	1	»	»		1			
LAMBERT..............	1796	»	»	»	1	»	1				
LANABERT.............	1812	»	»	»	1	»	1				
LANGLOIS.............	1794	»	»	»	1	»	1				
LANNES...............	1809	1	»	»	»	»		1			
LANUSSE..............	1801	»	»	1	»	»	1				
LAPISSE..............	1809	»	»	1	»	»	1				
LA ROCHEJACQUELIN......	1794	»	»	»	»	1	1				
LASALLE..............	1809	»	»	1	»	»	1				
LATOUR-D'AUVERGNE.....	1800	»	»	»	1	»	1				
LECLERC..............	1802	»	1	»	»	»					
LECLERC-D'OSTEIN.......	1800	»	»	»	1	»	1				1
LEGRAND..............	1815	»	»	1	»	»		1			
LEPELLETIER (v *Montmarie*)											
LOCHET...............	1807	»	»	»	1	»	1				
LESCURE..............	1795	»	»	»	»	1	1				
LETORT...............	1815	»	»	1	»	»		1			
LETURCQ..............	1799	»	»	»	1	»	1				
		6	12	57	107	8	114	38	22	9	7

NOMS des GÉNÉRAUX.	Dates des décès.	Maréchaux.	GRADES. Généraux. en chef.	de divis.	de brig.	vendéens.	MORTS sur le champ de bataille.	des suites de blessures.	condamnés.	assassinés.	violentes.
Reports........		6	12	57	107	8	114	38	22	9	7
Luckner...............	1794	1	»	»	»	»			1		
Machaud (v. *Plauzonne*)..											
Mallet (Charles-François)	1812	»	»	»	1	»			1		
Mallet (Jean-Antoine)...	1815	»	»	»	1	»		1			
Manigault (v. *Gaulois*)...											1
Marceau...............	1796	»	»	1	»	»	1				
Marguet...............	1814	»	»	»	1	»	1				
Marion...............	1812	»	»	»	1	»	1				
Matrenotte.............	1794	»	»	»	1	»	1				
Mather...............	1808	»	»	1	»	»					
Maury..	1813	»	»	»	1	»	1				
Mesnage.............	1798	»	»	»	1	»	1				
Meunier..............	1793	»	»	»	1	»		1			
Meusnier de la Place...	1793	»	»	1	»	»	1				
Michel.	1815	»	»	1	»	»	1				
Miquel...............	1808	»	»	»	1	»		1			
Mirabel...............	1794	»	»	»	1	»	1				
Mireur...............	1798	»	»	»	1	»	1				
Montbrun.............	1812	»	»	1	»	»	1				
Montmarie (Lepelletier de)	1813	»	»	»	1	»		1			
Morand...............	1813	»	»	1	»	»	1				
Moreau...............	1813	»	1	»	»	»	1				
Mortier...............	1835	1	»	»	»	»				1	
Moulin...............	1794	»	»	»	1	»					1
Mouton-Duvernet......	1816	»	»	1	»	»			1		
Murat...............	1815	1	»	»	»	»			1		
Narbonne.............	1813	»	»	1	»	»					1
Nempde.............	1833	»	»	1	»	»					1
Noailles.............	1803	»	»	»	1	»	1				
Ney...............	1815	1	»	»	»	»		1	1		
Noel...............	1796	»	»	»	1	»					
Osten...............	1814	»	»	»	1	»	1				
Paris d'Illens............	1809	»	»	»	1	»	1				
Pastol...............	1813	»	»	»	1	»	1				
Penne (v. *Depenne*)......											
Pepin...............	1811	»	»	»	1	»	1				
Perregaux.............	1837	»	»	»	1	»		1			
Perrée...............	1800	»	»	1	»	»		1			
Petit...............	1809	»	»	»	1	»	1				
Pichegru.............	1804	»	1	»	»	»					1
Pijon...............	1799	»	»	»	1	»	1				
Planta (v. *Kirgener*).....											
		10	14	67	129	8	134	45	27	10	12

NOMS des GÉNÉRAUX.	Dates des décès.	Maréchaux.	GRADES.				MORTS				
			Généraux				sur le champ de bataille	des suites de blessures.	condamnés.	assassinés.	violentes.
			en chef.	de divis.	de brig.	vendéens.					
Reports.........		10	14	67	129	8	134	45	27	10	12
PLAUZONNE-MACHAUD....	1812	»	»	»	1	»	1				
POINT............	1799	»	»	»	1	»	1				
PONIATOWSKI.........	1812	1	»	»	»	»					1
POUZET...........	18.9	»	»	»	1	»	1				
PROTEAU..........	179.	»	»	»	1	»	1				
QUENTIN..........	1796	»	»	»	1	»	1				
RAMBAUD.........	1799	»	»	»	1	»	1				
RAMEL............	1815	»	»	»	1	»				1	
RÉNÉ.............	18.8	»	»	»	1	»				1	
REUSS...........	1813	»	»	»	1	»	1				
RICHEMONT (v. *Camus*)....											
RICHER-DROUET.........	1792	»	»	»	1	»	1				
RIOULT-DAVENAY........	18.9	»	»	»	1	»		1			
ROBERT...........	1796	»	»	»	1	»	1				
ROCHAMBEAU.........	18.3	»	»	1	»	»	1				
ROIZE	1801	»	»	»	1	»	1				
ROMEUF...........	1812	»	»	»	1	»		1			
ROUSSEAU (v. *Chaudron*)..											
ROUSSEL (Jean-Charles)...	1812	»	»	»	1	»	1				
ROUSSEL (François-Xavier)	1807	»	»	1	»	»		1			
ROUZIÈRES.........	1814	»	»	»	1	»	1				
RUFFIN-..........	1811	»	»	1	»	»		1			
RUSCA...........	1814	»	»	1	»	»	1				
SAINT-HILAIRE.........	1809	»	»	1	»	»		1			
SAINTE CROIX-DESCORCHES	1810	»	»	»	1	»	1				
SALM............	1811	»	»	»	1	»	1				
SANDOZ...........	1797	»	»	»	1	»		1			
SABRET...........	1794	»	»	»	1	»		1			
SARRUT...........	1813	»	»	1	»	»		1			
SÉNARMONT.........	1810	»	»	1	»	»	1				
SIBUET...........	1813	»	»	»	1	»	1				
SICARD...........	1813	»	»	»	1	»		1			
SORBIER..........	1809	»	»	»	1	»	1				
STENGUEL.........	1796	»	»	1	»	»	1				
STOFFLET.........	1796	»	»	»	»	1				1	
TAUPIN...........	1814	»	»	1	»	»	1				
TEULIÉ...........	1807	»	»	1	»	»	1				
THARREAU.........	1812	»	»	1	»	»		1			
THOMIÈRES........	1812	»	»	»	1	»	1				
VACHOT..........	1813	»	»	»	1	»	1				
VALLÉTAUX........	1811	»	»	»	1	»	1				
VALLONGUE........	1806	»	»	»	1	»	1				
		11	14	78	156	9	161	54	28	12	13

| NOMS des GÉNÉRAUX. | Dates des décès. | Maréchaux. | GRADES. Généraux | | | | MORTS sur le champ de bataille | des suites de blessures. | condamnés. | assassinés. | violentes. |
			en chef.	de divis.	de brig.	vendéens.					
Reports		11	14	78	156	9	161	54	28	12	13
Van-Marisy	1811	»	»	»	1	»				1	
Varé	1807	»	»	»	1	»		1			
Van-Der-Maessen	1813	»	»	1	»	»	1				
Verne	1796	»	»	»	1	»	1				
Vial	1813	»	»	1	»	»	1				
Vignes	1799	»	»	»	1	»	1				
Villeneuve	1806	»	»	1	»	»					1
Vintimille	1806	»	»	»	1	»	1				
Walhubert	1805	»	»	»	1	»	1				
Walther	1805	»	»	»	1	»	1				
Westermann	1794	»	»	»	1	»			1		
Weber	1799	»	»	»	1	»	1				
Werlé	1811	»	»	»	1	»	1				
Totaux		11	14	81	166	9	170	55	29	13	14
Total général			281					281			

RÉSUMÉ.

Il résulte, de la table alphabétique qui précède, que sur les 281 officiers qui y sont portés, on compte;

Savoir :

Maréchaux de France.......................... **11**
Généraux ayant commandé en chef............. **14**
Généraux de division ou lieutenans généraux.... **81**
Généraux de brigade ou maréchaux de camp.... **166**
Généraux vendéens............................ **9**

On remarque que, sur ce nombre,

170 sont morts sur le champ de bataille,
55 sont morts des suites de leurs blessures,
29 ont été condamnés à mort et exécutés,
15 ont été assassinés ou empoisonnés,
14 ont péri de mort violente.

En résumant ces spécialités par grades, on trouve que, sur 11 maréchaux, 1 est mort sur le champ de bataille, 1 par suite de blessures; que 5 ont été condamnés à mort et exécutés, que 1 est mort assassiné, et que 3 ont péri de mort violente ou accidentelle.

Sur les 14 généraux en chef, 5 sont morts sur le champ de bataille, 4 ont été condamnés à mort et exécutés, 2 sont morts assassinés, 1 a été empoisonné et 2 ont péri de mort violente.

Sur les 81 lieutenans-généraux ou généraux de division, 44 sont morts sur le champ de bataille, 23 sont morts des suites de leurs blessures, 6 ont été condamnés à mort et exécutés, 8 ont péri de mort violente.

Sur les 166 maréchaux de camp ou généraux de brigade, 116 sont morts sur le champ de bataille, 30 sont morts des suites de leurs blessures, 9 ont été condamnés à mort et exécutés, 9 ont été assassinés, 2 ont péri de mort violente ou accidentelle.

Enfin, sur les 9 généraux vendéens, 4 ont été tués sur le champ de bataille, 5 ont été condamnés à mort et exécutés.

Parmi les 29 condamnations à mort, on en compte ;

Savoir :

Sous la république (1792 à 1799)............   18
Sous le consulat et l'empire (1800 à 1814).....   3 (1)
Sous la restauration (1815 à 1830)...........   8

Sur les 281 officiers généraux qui figurent dans la table alphabétique, résumant elle-même la liste chronologique qui la précède, on trouve le résultat suivant :

Morts sous la république et le consulat (1792 à 1804). 135
Morts sous l'empire (1805 à 1815)................ 129
Morts sous la restauration (1816 à 1830).......... 11 (2)
Morts depuis la révolution de 1830 (1831 à 1837)...   6

Total égal...............   281

On trouve également que, pendant cette longue période, six grandes batailles ont enlevé le plus d'officiers généraux, savoir :

Bataille d'Eylau............................   8
   —   d'Essling........................   5
   —   de Wagram.....................   6
   —   de la Moscowa.................   11
   —   de Leipzig.....................   11
   —   de Waterloo...................   8

Enfin, on remarque que le siége le plus meurtrier, pendant la même période, et celui qui a fait perdre à la France le plus d'officiers-généraux, est le siége de Saint-Jean-d'Acre. On voit, en effet que trois généraux y ont été tués, et que deux sont morts des suites de blessures qu'ils y ont reçues.

---

(1) Dont une pour attentat contre la vie du premier consul et deux pour conspiration tendant à renverser le gouvernement impérial. Les condamnés sont : *Cadoudal* (Georges), *Mallet* et *Lahorie*.

(2) Dont huit exécutions et un assassinat.

FIN.

ANNUAIRE MILITAIRE

HISTORIQUE, TOPOGRAPHIQUE, STATISTIQUE

ET ANECDOTIQUE.

1 volume in-8° de plus de 500 pages, avec gravures, etc.

Par une Société de Militaires

ET DE GENS DE LETTRES,

Sous la Direction de M. le capitaine SICARD.

PROSPECTUS.

PARMI les publications de tout genre qui, depuis plusieurs années, inondent la France et l'étranger, en vain en chercherait-on une qui, dans sa spécialité, offrît autant d'avantages que celle-ci. — Le titre ANNUAIRE ne devrait peut-être pas être le sien, puisque loin d'avoir adopté le système aride de ces sortes de publications, nous avons cherché à en faire un recueil inépuisable de documens empruntés à l'histoire de nos armées. Il n'est donc annuaire qu'en ce sens : qu'il se renouvellera tous les ans, et qu'il ouvrira, en 1839, une série de volumes qui formeront entre eux une chaine non interrompue. Nous avons cherché à éviter les écueils contre lesquels il est si facile de se briser dans l'exécution d'un tel projet, et des années entières de réflexions et de travail nous répondent de son avenir.—L'*Annuaire* sera totalement refondu tous les ans ; nous n'admettrons aucune répétition dans les différentes parties qui le composent, si ce n'est dans la nomenclature des officiers de l'armée ; car nous faisons plus que personne des vœux pour que ceux qui servent bien la France, restent le plus long-temps possible sous ses drapeaux. Enfin, au 1er janvier de chaque année, nous ferons paraître un volume entièrement *neuf*.

Notre but est de donner au public une histoire complète de notre organisation militaire ainsi que celle de tous l s peuples connus, tant anciens que modernes, et à l'armée, de véritables annales qui servent tout à la fois à l'instruire et à combler utilement ses heures de loisir. Indépendamment de l'histoire de tous les corps de l'armée française, de celle des écoles militaires, etc., qui se trouvera dans le premier volume nous y avons aussi ajouté des notices statistiques sur tous les états de l'Europe. Ces notions contiennent chacune la situation topographique du pays, son étendue, sa population, le nombre de ses provinces, villes, bourgs, villages etc.; ses revenus, sa dette publique, son industrie, son commerce, ses productions, ses importations et exportations, son degré d'instuction, ses forces militaires de terre et de mer, ses ordres de chevalerie, ses places fortes, etc., etc.

La dernière partie est consacrée aux belles actions de notre armée; là, tous les siècles sont confondus, mais sans désordre; là, le moyen-âge, les temps modernes, la république et l'empire viennent apporter leur contingent de hauts faits et de héros; là, point d'opinion .... la palme appartient à la bravoure, peu importe sous quelle bannière elle combat.

Le calendrier, placé en tête de l'*Annuaire*, est transformé en éphémérides; chaque jour est signalé par deux victoires remportées par les armées françaises. Nous avons eu soin d'ajouter l'année, les ennemis sur lesquels la victoire a été gagnée et le nom du général qui commandait nos troupes. Enfin, au bas de chaque mois, ou plutôt de chaque tableau, se trouvent les traités de paix les plus célèbres et les noms des généraux morts pendant ce même mois. Ce calendrier sera renouvelé tous les ans comme toutes les autres parties de l'*Annuaire*.

Le cadre d'un prospectus nous empêche de donner une idée plus complète de notre œuvre. Notre but, qu'il suffise de le savoir, a été de doter la nation d'un recueil vraiment utile, d'un recueil qui lui manquait, et dont l'urgence se fait de plus en plus sentir. Nous avons à cœur d'élever chaque année à notre gloire militaire un monument qui restera. Puisse notre espoir ne pas être déçu! Puissent tous les cœurs vraiment français, tous ceux que font palpiter les mots d'honneur et de patrie, se rallier à ce catéchisme du soldat et du citoyen.

L'*Annuaire* contiendra en outre : 1º l'analyse des lois et ordonnances; 2º l'analyse raisonnée des ouvrages militaires, de sciences et de géographie qui auront paru d'une année à l'autre.

Conditions de la Souscription.

L'*Annuaire* paraîtra tous les ans, à dater du 1ᵉʳ janvier 1839, en un volume in-8º de 450 à 500 pages, imprimé avec caractères neufs, sur papier vélin superfin des Vosges. — Le volume contiendra au moins huit gravures, dont l'exécution est confiée aux premiers artistes de la capitale.

Le prix est de 5 fr. pour Paris ; — 6 fr. pour les départemens; — 7 fr. pour l'étranger.

Moyennant cette augmentation de prix, MM. les souscripteurs des départemens et de l'étranger recevront leur exemplaire *franco*. On ne paie rien d'avance. MM. les souscripteurs n'auront de déboursés à faire qu'au moment de la publication.

L'*Annuaire* paraîtra dans la deuxième quinzaine de décembre 1838.

S'adresser, pour toutes demandes de renseignemens :
A M. le capitaine SICARD, rue Plumet, 4 bis ;
Et à M. Aymard BRESSION, secrétaire de la rédaction, passage Tivoli, nº 24.

On souscrit à Paris ;

Aux adresses ci-dessus ;
Au Bureau du journal L'ARMÉE, rue Sainte-Anne, n. 46;
ANSELIN, libraire pour l'art militaire, etc., passage Dauphine, 36;
LENEVEU, libraire, rue des Grands-Augustins, 18.

ET CHEZ
Les principaux libraires de France et de l'étranger.

NOTA. — Les lettres, les demandes de renseignemens et de souscription, devront être adressées *franco*.

Extrait

DE LA TABLE DES MATIÈRES.

Pour donner une idée plus complète de l'importance et de l'utilité de ce travail, nous ajoutons ici un extrait de la table des matières qu'il contient.

IMPRIMERIE DE BELIN ET COMP. 55, RUE SAINTE-ANNE.